어느 노송의 주례 말씀

김욱진 시집

시인동네 시인선 251

김욱진 시집

어느 노송의 주례 말씀

시인동네

시인의 말

시도 때도 없이 왔다 가는 생각
분리수거하기도 쉽잖고
그냥 내버려뒀다 되살아나는 거
시답잖게 받아 적었더니
이게 다 시가 될 줄이야
아무튼, 그놈의 생각 없는 자리
누구라도 와서 편히 쉬어가시길…

2025년 4월 송림산방에서
김욱진

차례

제2부

제3부

제4부

제1부

눈사람

눈이 없네
눈이 있네
꼬마랑 아옹다옹하며
눈 구경 나온 엄마가
눈 위에다
눈, 이라 쓰네
맞은편 서 있는 꼬마가
곡, 하고 읽네
엄마와 꼬마 사이
눈싸움 벌어졌네
그 사이
거꾸로 보는 눈 송이송이
휜소리 치며 달려와
푹 패인 곡 덮어버리네
눈이 눈을 속였네
눈 맞은
눈사람 둘 엉겨 붙어 있네

발이 하는 말

아, 어디쯤일까
길을 걷다 폐휴지 한 리어카 싣고
언덕길 오르는 맨발을 보았다, 나는
들었다, 발이 하는 말을
발가락은 바짝 오므리고 뒤꿈치는 쳐들고
그래도 뒤로 밀려 내려가거든
헛발질하듯 한 걸음 뒤로 물러섰다
혓바닥 죽 빼물고 땅바닥 내려다봐
써레질하는 소처럼
발바닥이 어디로 향하고 있는지
바닥과 바닥은 통하는 법이야
그래, 맞아
둘이 하나 된 바닥은 바닥 아닌 바닥이지
손바닥처럼 그냥 가닿는 대로
가닿은 그곳이 바닥이니까
여기, 지금, 나는
바닥 아닌 바닥에서
보이지 않는 발

바닥을 보았고
바닥 없는 바닥
아슬아슬 가닿은 발
바닥이 내쉬고 들이쉬는 숨소리 들었다
비 오듯 뚝뚝 떨어지는 땀방울 사이로
리어카 바퀴가 미끄러져 내려갈 적마다
발바닥은 시험에 들었다
땀 한 방울 닿았을 뿐인데
그 바닥은 난생처음 가닿은 바닥
발가락과 발뒤꿈치는 땀방울 밀고 당기며
발바닥이 바닥에 닿았다고
어느 바닥인지 알 수 없는 그 바닥
간신히 가닿고 보니
바닥이라는 바닥 기운 다 끌어당기고 가는 저 발
바닥은 바다보다 깊고 넓적하다

불이(不二)·1

맨발로 숲길을 걷는다
더럽게 맨발로 와서 숲을 오염시키느냐고
새들은 재잘재잘
돌멩이들도 구시렁구시렁 딴지를 건다
한 발 한 발 뗄 때마다
어떤 흙은 새끼발가락 새로 끼어들어
이 발가락새끼 간지러워 미치겠다며 깔깔 웃어 재끼고
또 어떤 흙은 발바닥에 살살 달라붙어
젖먹이처럼 칭얼거린다
살과 살 사이 끼어들고 달라붙는 건
너나 나나 마찬가지
나는 흙의 발가락이 되고
흙은 나의 발바닥이 되는 순간
나의 발은 순한 흙발이 된다
흙이 숲길을 걷는다 맨발로
걸으니, 그러니
심사가 둘이 아님을, 뼈저리게
발가락은 오므라들었고

발바닥은 펴졌다
나도 모르게 외진 숲길 한 모퉁이서
맨발과 맨흙이 조용히 만나
둘이 하나가 된다
숲이 된다

불이(不二)·2

무를 썰다, 생뚱맞게
무 아닌 무 썰고 있다는 생각이 문득 왜 들지
칼, 춤사위가 서늘하다
비무장지대로 삐죽삐죽 튀어 나가는 무는
무 같아 보이지 않고
무 같잖은 무를 길들이는 무가 진짜 무처럼 보였다
무와 무 사이 거리는 촘촘할 대로 촘촘해
어느 무가 썰려 나갔는지
아무도 따지는 무는 없었다
그래서일까, 무는 무턱대고 썰려 나갔다
대접받는 무도, 무시당한 무도
무시무시한 칼날 앞에 무시로 싹둑싹둑 잘려나가
더 이상 잃을 게 없었고
무는 그냥 무, 시로 거듭났다
무와 시가 둘이 아님을 증명하듯
무가 시시만큼 무로 돌아가는 무시면
무는 시가 되고, 시는 무가 되고
가끔 시무룩해지기도 하지만

금세 무는 아무 생각 없이 무를 잘게 잘게 썰고
무덤덤히 잘려나간 무는 누군가의 무덤처럼 수북 쌓여, 아
무가 무를 썰고 온 세상이 다 무로 보인다
어디선가 무구정광대다라니경 외고 있을 무
무심코 썰다 보면 무는 무가 되어 오간 데 없고
무 아닌 무만 썰고 있다는 생각
썰물처럼 썰려 나갔다 밀물처럼 밀려와
무로 무를 자르면 그만이지
무가 어디 있어
여기, 지금, 그 무 한번 내놔봐
무도 아닌 무 있다 없다 그러면서
누가 자꾸 무를 칼질하고 있는가
무는 그저 무일 뿐
이게 바로, 나
무가 일러주는 무, 시라고
바람맞은 무가 그랬다

묘한 발자국

고양이는 네 발로 걷는데, 왜
발자국은 두 개만 남을까

자세히 보니
고양이는 걸을 때
뒷발이 앞발 디딘 곳에 정확히 가닿는 것을
그래서 선명한 두 줄의 발자국만 남는 것을

고양이 몰래
눈 위에다 한 줄 받아 적었다
네 발로 걷는 고양이 발자국은 둘뿐이라고

여러 마리 고양이가 함께 이동할 때도
뒤따르는 고양이는 새 발자국을 남기지 않고
앞서가는 고양이 발자국 고대로 밟고 갔다

살아남기 위한 생존 본능일까

똥이 마려울 때
외진 곳 쫓아가 구덩이 파서 볼일 보고
아무 일도 없었듯 언저리 흙 긁어 덮고는
두리번두리번 살피며 킁킁 냄새까지 맡더니만

사냥할 때
다른 포식자들에게 들키지 않으려고
뒷발이 앞발 자국만 사뿐사뿐 딛고 따라가는

어디, 저런 걸음걸이 나도 한번 따라 해볼까
두 손 짚고 엉금엉금
두 발은 손자국만 밟고 따라가 보는데
어느새 손발은 하나가 되고
흔적은 최소화

눈 내린 날 아침 마당에다
묘한 발자국 몇 남겼다

나를 비우는 시간

누가 전화가 와서
내일 점심시간을 좀 비워 달라고 그러길래
무심코 그럽시다, 그래놓고 가만 생각해 보니
시간을 비운다는 것은
날을, 나를 비운다는 것인데
내 것도 아닌 날을, 나를
어디다 수북 담아둔 것도 아니고
내 일도 아닌 내일 시간을 어떻게 비워두지

나를, 날을 비우다 보면
금세 나도 아닌 나한테 속아 넘어가고
나도 모르게 나를 도둑맞는 날이 숱한데
하물며 시간 속에 시간을 비운다는 게
어디 쉬운 일이던가
그 시간이 그 시간인데
비운다고 비워질 리도 만무하고
그렇다고 시간을 속일 수도 없는 노릇

그냥 속이나 텅 비우고
일찌감치 약속 장소 가서
오지도 않은 시간 기다리고 앉아 있으면
비워두지 못한 시간
저절로 다 비워지고 말까

비워도 비워도 비워지지 않는 시간 한 모퉁이서
우리는 서로 비우지 못한 시간을 비워주기라도 하듯
밥 한 그릇씩 뚝딱 비워버렸다
비워둔 시간끼리 은밀히 만나
허겁지겁 시간을 먹어버렸다
시간한테 먹혀버린 줄도 모르고, 참 나
시간은 그렇게
비워지지 않은 날을, 나를
비워둔 거처럼 비워두고 있었다

열암곡 마애불 법문

이 골에 누가 이토록 불을 지폈는가
여기, 지금, 나는 바람맞고 쓰러진 등신
불, 구덩이 속으로 들어가 나를 찾다
나도 아닌 나를 만나 수도 없이 속았다네
것도 모르고 저잣거리 사람들은
무슨 사리 친견하듯 찾아와
나를 찾았다고 날을 세우면서
나를 바로 세운다며 야단법석 떨다
나보다 먼저 다 돌아가지, 빈손으로
누가 누구를 바로 세운다는 건가, 참
나는 옆도 뒤도 한번 돌아보지 않고
오로지 땅에 엎드려 절만 하고 있었는데, 천년을
하심하고 또 하심하면서
나를 비우고 날을 비우며 나를 바로 세웠는데
이제 와 또다시 나를 세운다니
허허, 참
나도 없는 나를 세워 뭘 하려고
나를 세운다는 건

날을 세운다는 것
나를 세운답시고 날을 세우다 보면
금세 나는 오간 데 없고
시퍼런 날만 날을 세울 뿐
난데없이 누가 또 다른 나를 세우려 하는가
그냥 머물되 머문 바 없이 머물고 있는 그곳에
나를 고대로 가만 내버려두게
날마다 누군가 와서
내 등짝에 누웠다 가고 앉았다 가고
어쩌다 얼굴 마주치면
넙죽 엎드려 맞절도 하고
그러면서 무뎌진 날을
나를 바로 세울 터인데, 앗!

운주사 와불

천불 천탑 불사 중 쓰러져 누워 계신다고, 천년을
물어물어 천불산 운주사 찾아갔다
무슨 꾀병 부리실 리는 만무하고
얼마나 속 천불이 나셨을까
산새들 간간이 날아와 팔다리 주물러드리고 있었다
어떤 새는 천수경 외듯 중얼중얼
어느 새는 부처 입에다 공양 올리듯
물똥 찔끔 싸고 어느새 훨훨
와불이시여, 이 불사 어느 천년에 다 하시려고
이렇게 누워만 계십니까
허허, 참
새가 방앗간 앞을 그냥 지나갈 수 있겠는가
자네가 누워 있다니
오늘은 누워 있는 그 자리서 천불 천탑 불사해야겠네
조금 전 자네 입에서 뱉은 천년이 내 귀퉁이로
천둥번개처럼 지나갔지
너와 나 둘 아닌 그 자리
누구의 천년이 머물다 갔는가

와, 불이다
한 소식 전해들은 사람들 허겁지겁 찾아와
어떤 이는 텅 빈 손바닥에 천불이란 천불 다 내려놓고
또 어떤 이는 머리맡에 돌멩이 하나 얹고
그곳이 바로 천불 천탑 불사한 자리일세
아뿔싸, 내가 천기를 누설하고 있구먼
죽음 불사하고 사는 돌사람 얘기
한 귀로 듣고 한 귀로 흘려버리게
저, 저잣거리로 나선 석불들 몸짓거리 한번 보게나
빙시레 웃고 앉아 있는 석불은 접때의 나고
모가지 달아난 석불은 그끄제께의 나고
엉거주춤 서 있는 석불은 어저께의 나고
비스듬히 누워 있는 석불은 시방의 나고
양팔 양다리 없는 석불은 글피의 나고
이목구비 다 뭉개진 석불은 그글피의 나일세
저기 저, 나 아닌 나 또 어디 있는가

숨바꼭질

우리 엄마, 우리 집, 우리 학교
우리라는 말 밥 먹듯 하며
우리 속에서 자란 나
누구랑 술 한 잔만 부딪혀도
우리가 남이가, 하는 그 말 한마디에
나와 너는 없었고
우리는 하나가 되었다
우리에 갇혀 살아온 우리
나는 없었다
우리 속으로 점점 빠져든 나
무의 나는
무심결에 나를 우리라고 불렀다
배고프면, 우리 밥 먹자 그랬고
졸리면, 우리 잠자자 그랬다
우리는 나라는 우리 속에서
숨바꼭질하고 있었다
나는 술래였고
우리는 나의 그림자였다

나는 그림자를 부려먹었고
그림자는 나를 속여먹었다
우리 속에는 우리가 없고
우리는 우리라는 이름일 뿐
우리 속엔 나만 오롯 있었다
우리는 그저 나를 길들이는
또 다른 나였다

별리

그이는 이 마을의 얼굴이었어요 사람들은 그이를 대문니라 불렀지요 오늘 아침 그이가 사라졌다고 동네방네 소문이 났어요 어제저녁 먹다 남은 치킨 한 조각 불끈 잡아당기다 눈 깜짝할 사이 몽니 부리는 이들 틈새로 휩쓸려 들어가 그이는 돌아오지 못했습니다 아마도 그이는 날개 달고 훨훨 어디론가 날아가고 싶었는지도 모르겠습니다 꿈인 듯, 생시인 듯 이 마을 사람들은 그이를 찾는다고 이곳저곳 수소문해 봤지만 그이를 본 이는 아무도 없었어요 온 동네가 뒤숭숭해졌습니다 대문은 벌쭉 열려 있고 바람이 숱숱 드나들었어요 얼마 전 이사 온 맞은편 사는 이가 그랬어요 이는 분명 근자지소행이라고요 맞아요, 맞아요 그 담 담날 버려진 음식물 쓰레기봉투 속에서 이 악물고 히죽히죽 웃고 있는 그이를 수습했거든요 육십 평생 이간질 한번 한 적 없는 그이 누군가를 독하게 씹는다는 게 고작 나 없는 세상, 허전할 거라는 이 말 한마디 이를테면, 이들의 이별 방식은 여기, 지금, 이뿐

그놈의 애

나에겐 늘 애 하나가 착, 달라붙어 있다 그 애가 누구 애인지 모르지만 애물단지처럼 나를 졸졸 따라다닌다 영화관 앞 지나가면 영화 보자 그러고 고기 굽는 냄새 풍기면 고기 사 먹자 그러고 예쁜 여자 지나가면 저 여자 훔쳐보자 그러고 가끔 성가실 때도 있지만 애처롭다는 생각 들어 그 애가 웃으면 같이 따라 웃고 찡그리면 나도 같이 찡그린다 어딜 가다 밥 먹자 그러면 밥 먹고 잠자자 그러면 잠자고 똥 마렵다 그러면 애써 똥 누고 그러지 않으면, 금세 화 버럭 내는 그 애 왜 이러지, 나를 온종일 부려먹고도 밤이면 젖먹이처럼 칭얼거리고 보채고 버르장머리 확 뜯어고쳐 줘야겠다 싶어 그놈의 애 저만치 뚝 떼놓고 애간장 끓이듯 녹차 한 사발 끓여 나 한 잔 그 애 한 잔 여기, 지금, 누가 차를 마시고 있냐고 애먹은 놈이 애먹인 놈한테 물었다 어느새 그 애는 찻잎처럼 가라앉고 나 혼자 그 애를 우려먹고 있었다 그 애가 수상하다, 수상하다 싶었는데 나는 한평생 그 애 뒤치다꺼리하며 살고 있었다 나를 길들이려고 이생까지 따라온 그놈의 애

AI

저 아이 요즘 뭐든지 물으면 척척 대답을 다 해준다고?
에이, 세상에 그런 아이가 어디 있어
태어난 지도 얼마 되지 않았는데
말로만 듣던 AI, 딴 세상 얘기처럼 들리더니만
어느새 그 아이가 이렇게 많이 컸어
챗GPT라고 부른다면서
그래, 맞아
조무래기라고 얕보지 말게
지난번 이세돌하고 바둑 둬서 이겼다는 그 아이야
그럼, 돌아이구만
이게 어디 사람 사는 세상인가
야, 이 친구야
지금, 여기 농담할 상황 아닐세
머잖아 자동차 자율주행 운전도 저 아이가 하고
자네가 몇 날 며칠 끙끙거려 짓는다는 시 한 편
저 아이는 몇 초 만에 후딱 써버린다네
시면 시, 소설이면 소설
심지어 나의 일기까지도 줄줄 다 써준다네

짧다 그러면 금방 늘여주고
좀 길다 그러면 눈치껏 줄여주고
"……해줘" "……알려줘" 하면
전문적이면서도 캐주얼하게
간단명료하면서도 자신감 있고 친근하게
애교 떨듯 눈 몇 번 깜빡깜빡하면서
입맛대로 요리조리 맞춰주는 AI
대체 저 아이는 어느 세상에서 왔는지, 속도 없어
에이, 시발 것
시고 나발이고
이러다 저 아이 종노릇하다 가게 생겼네, 참 나

대가족

엄니 살아생전 우리 집은 손이 귀하다고 늘 그러시며 고양이들만 찾아와도 손주 본 듯 반갑게 이밥에다 멸치 동가리 몇 얹어 봉당에 놓아두고 그러셨는데 엄니 떠난 그 집엔, 어느새 고양이 3대가 옹기종기 모여 산다 주인 노릇하면서 간간이 돌아다니는 생쥐도 잡고 이 골목 저 골목 땟거리 구하러 다니다가도 큰 볼일 작은 볼일 볼 때면 우리 집 텃밭으로 쫓아와 엉덩이 넙죽 까발리고 거름 주듯 똥 누고 언저리 흙 긁어 덮고 물 주듯 오줌 누고, 그 기운에 고추는 주렁주렁 가지는 반들반들 방울토마토는 올망졸망 보기만 해도 배가 부르다 그러다가도 가끔 나만 찾아가면 고양이 여섯 마리 마당 한복판 오도카니 둘러앉아 입맛 쪽쪽 다신다 엄니 생각에 계란노른자 프라이해서 하나씩 던져주면 손주 녀석들은 게 눈 감추듯 먹어치우고 우물우물 씹다 뱉어놓은 할미 것까지 싹싹 다 주워 먹는다 어미는 그게 못마땅했던지 눈 부릅뜨고 노려보다 고개 돌리고 할미는 먹은 둥 마는 둥 먼 산만 멍하니 바라보고 이 소문이 삽시간에 온 동네 좍 퍼졌다 허기진 길고양이들 하나둘씩 우리 집으로 모여들었다

제2부

공짜로

나, 이 세상 태어나 보니
공기도 공짜로 마시고
햇볕도 공짜로 쬐고
달님 별님도 공짜로 보고
땅도 공짜로 걷고
꽃향기도 공짜로 맡고
새소리도 공짜로 듣고
생각도 공짜로 하고
꿈도 공짜로 꾸고
나도 공짜로 먹고
이젠 이도 공짜로 심고
지하철도 공짜로 타고
머잖아 하늘나라도 공짜로 가고
허 참, 공짜를 空자로 읽고 보니
공짜로 머문 지금, 여기가
진짜 나의 우주일세 그려

외롭고 쓸쓸한

별 볼 일 없이 볼일 있는 낙엽처럼
이 골목 저 골목 간 보며
바스락바스락 집으로 돌아가다
서남시장 들머리 순댓집 들렀더니
사방 둘러쳐 둔 천막에
병원간답니다, 라는 글자만 비뚤비뚤
썰다 만 순대마냥 울퉁불퉁 붙어 있다
간담이 서늘해졌다
가끔 누군가 쓸쓸하고 외롭다 그럴 때마다
무심한 척하면서 들렀던 순댓집
할머니는 나만 가면
또 쓸쓸하고 외로우냐고
순대 숭덩숭덩 썰면서, 그 병엔
순대보다 간이 더 좋다며
농 반 진담 반 섞어
간을 수북수북 썰어주시더니만
이 가을에, 그 할머니
나보다 더 외롭고 쓸쓸한

혹, 무슨 기별이 온 걸까
병원간담니다 다급하게 적어놓고 간 걸 보니
자꾸만 간에 눈이 간다
순대는 오간 데 없고, 오늘따라
간을 내 간처럼 뭉텅뭉텅 떼어주던 순대 할머니 얼굴
구불텅구불텅 스쳐 지나간다

노화라는 꽃

이름이 참, 아름답지요
노화야, 부르면 생전 화도 내지 않을 것 같고
화 버럭 내다가도 한 송이 꽃으로 살몃 다가와
꽃이 아니라고 수줍게 말하는 No화
나도 모르게 들꽃 이름 부르듯 자꾸 부르다 보면
노화 아닌 노화가 여럿 다녀갑니다

불같이 화를 내는 怒火
화롯불 지펴놓고 손주 녀석들 군밤 구워주는 爐火
갈 곳 없는 갈꽃처럼 섬에 혼자 우두커니 서 있는 蘆花
잠 설치고 꼭두새벽 이슬에 젖는 露花

길섶에서 누가 이름이 뭐냐고 꼬치꼬치 묻기라도 하는 날엔
짓궂게 어느 노화 말하냐고 구시렁거리다
꽃이 아니라고 대충 얼버무리면
노화들이 벌떼처럼 달려들어 자기소개를 해요
이마 주렁주렁 매달린 주름꽃은 No화예요
머리맡 서리서리 내려앉은 서리꽃은 怒火라예

등허리 깨죽깨죽 돋은 깨꽃은 爐火래요
발바닥 쩍쩍 갈라진 자라등꽃은 蘆花라 해요
온 얼굴 검버섯처럼 거뭇거뭇 핀 저승꽃은 露花라 그래요

그래 맞아, 나는 노화야
벌 나비 한 마리 날아들지 않는 꽃
누가 꽃이라 그러겠어요, 그래도 꽃 축에 들려면
주워 담을 꽃말이라도 한마디 뿌려둬야지요
그 말이 씨가 되었는지, 누군가 꽃망울 하나만 터뜨려도
이 꽃 저 꽃 눈치 보며
꽃말이라는 꽃말 다 뱉고 지나가는 노화

이제 와서 뒤돌아보니 그 꽃이 그 꽃이더군요
누구나 한번 피었다 지는 꽃
아니라고, 아니라고 아무리 우겨도
한번 피기 시작하면 발끝부터 머리까지 들불처럼 번져
철없이 활짝 피어나는 꽃, 노화
평생 한번 피었다 진다는 꽃말이 참, 꽃답지요

빈집·2

아무도 거들떠보지 않던 흙집 지문은 다 사라지고 방문 왼편 벽 언저리엔 지팡이처럼 짚고 드나든 손자국만 하나 쿡, 찍혀 있다 백일 전 돌아가신 어머니 시집올 때 신고 온 코고무신 한 켤레 가지런히 놓여 있는 봉당 앞에서 무심코 지붕 올려다보니, 그새 처마 밑은 온통 부동산 투기꾼들로 북적인다 거미는 얼기설기 줄을 쳐뒀고 땅벌도 간간이 날아들어 이곳저곳 갸웃거리고 자식새끼 줄줄 딸린 제비 부부는 집터고 뭐고 따져볼 겨를도 없이 애비는 써레질한 무논에서 지푸라기 다문다문 짓이겨 와 다섯 식구 살 집 한 채 짓는 중이고 어미는 새끼들 땟거리 구하러 다니느라 눈코 뜰 새 없이 분주하다 집주인은 오간 데 없는데 빈집에 큰 손은 잦아들고 걱정이 이만저만 아니다

어머니 살아생전
너그 잘 있으면 됐다
집 걱정은 하지 마라, 그러셨는데

선사 법문

— 이만翁

대구시 달서구 진천동에 가면 2만 년 전 살던 고인 돌사람 한 분 모로 누워 계신다 얼마 전 코로나 예방주사도 맞고 입마개도 하고 있더니만 오늘은 대한민국 0.72라는 명패 달고 눈물을 흘리고 있네 헐, 저게 뭐지 0.72가 이름일 리는 만무하고 시력이 0.72란 말인가 그럼, 안경을 씌워뒀을 텐데 것도 아니고 차 쌩쌩 달리는 길섶에서 환생한 고인돌이 눈물까지 보이고 아, 이는 분명 무슨 곡절이 있을 터 언저리 선사시대 사람들 만나 여쭤봐야지 죽음이 살아 숨 쉬는 골목 한 모퉁이 무덤 앞에 서 있는 돌이 눈에 띈다 선돌마다 새겨진 그림, 자는 또 뭐지 다짜고짜 팻말에 적힌 자한테 물어보니 이 암각화 속엔 다산의 의미가 숨겨져 있었네 그래, 맞아 요즘 사람들 아이 낳지 않는다는 소식 듣고 속 터진 돌사람 대한민국 (합계출산율) 0.72라고 눈물로 눈물로 부르짖고 있는 거야 사람들은 선사 법문을 도통 알아듣지도 못하고 그냥 구석기 사람처럼 멀뚱멀뚱 쳐다보기만 하고 지나가 버리네, 참 나!

일석삼조

일기만 쓰면 동사무소서 생일 선물도 주고 용돈도 준다고
집사람은 친정엄마한테만 가면
말 같잖은 거짓말을 참말처럼 툭툭 뱉는다
그 말에 폭삭 속아 넘어간 장모님은
하루도 빠지지 않고 착하게 일기를 꼬박꼬박 쓰신다
그러다가도 똥 마려우면 일기고 뭐고
일기장 훅 찢어 화장실로 들어가는 장모님
억지로 끙끙 써놓은 일기 몇 줄 짓이겨 똥 닦아버리고는
오늘 일기 다 썼다며 투정 부릴 때도 더러 있지만
그래도 그 밥줄 끊어질까 봐
새벽같이 매일 가서 아침 차려주고
일기 검사하고 돈 천 원씩 드리는 집사람
얘기는 일기장에 한 마디도 없고
회사 옷 걸쳐 입은 아들이 케이크라도 하나 사 들고 오면
동사무소 아저씨, 고맙습니다 고맙습니다
생일 선물 줘서 정말 고맙습니다, 이렇게
몇 날 며칠 도배하듯 아저씨 고맙다는 말만 늘어놓는다

일기 고르지 못한 이런 날은
가끔 장모님 찾아가 고스톱을 쳐드린다
밥상머리 앉았다가도 나만 가면 금세 밥숟갈 놓고
다짜고짜 내 빚 갚으러 왔느냐면서
장롱 속 꼬깃꼬깃 숨겨둔 노잣돈 꺼내시는 장모님
화투판만 벌어지면, 치매고 사위고 없다
똥 한 무더기 싸 붙이고도 태연한 척
냄새도 풍기지 않다가 은근슬쩍 똥을 먹어버리신다
그 바람에, 난 피박을 덮어쓰고
손주들 앞에서 창피당하는 거야, 뭐
구렁이 담 넘어가듯 실실 웃어넘기면 그만이고
장모님 일기 쓸거리 장만해 드리고, 참
나도 덩달아 착해지고
덤으로 시답잖은 시도 한 편 받아 적고
일석삼조다

장마를 장미라 부를 때

지붕에서 비가 샜습니다
한밤중 쏟아지는 빗소리에 말도 샜습니다, 할매는
그놈의 장미, 참 오래도 간다 하시면서
그냥 방바닥에다
고무다라이 세숫대야 냄비 줄줄이 받쳐놓고
밤새 뚝뚝 떨어지는 빗방울 한 가득씩 받았습니다
물 부자 된 담날 아침
그 물로 나는 세수하고 머리 감고
엄마는 설거지하고 빨래도 하고
할매는 장독대 위에다 정화수 한 그릇 떠놓고
소지 한 장 불사르며
손 귀한 우리 집 자손 번성하고
식구들 그저 몸이나 성케 해달라고
천지사방 삼신할매한테 빌었습니다
그 기도발이 먹혔던지
시집간 막내 고모는 떡두꺼비 같은 아들 낳고
풍으로 쓰러진 할배는 죽을 고비 넘기시고
포도알처럼 송알송알 맺힌 물방울 천장 스며들어

장밋빛으로 불그스레 물들었습니다
장마가 그려놓은 장미 한 송이
내 가슴속 천장엔 아직도
어릴 적 장마 때마다
할매한테 주워들은 장미라는 비
꽃 넝쿨 채로 착, 달라붙어 있습니다

착한 거짓말

장모님이 밥을 먹지 않고
어린애처럼 떼쓰며 누워 계실 때마다
집사람은 은근슬쩍 나한테 전화 걸어
동사무소 직원과 통화하는 척하며
착한 거짓말을 밥 먹듯 한다

—사회복지사님, 우리 엄마가 또 밥을 드시지 않네요
—예, 그러세요
얼떨결에 동사무소 직원이 되어버린 나는
얼토당토않은 민원 해결해 준답시고
착한 거짓말 더듬더듬 밥 떠먹이듯 했다
—할머니 꼬박꼬박 식사만 잘하셔도
노인복지센터에서 매일 돈 천 원씩 보내드립니다

곁에서 이 말 어렴풋 엿들은 장모님
눈 버쩍 뜨고 슬그머니 밥상에 와 앉아 밥숟갈을 든다

능청스레 오늘은 미역국이 맛있다며

반찬 투정 부린 흔적조차도 없이
밥 한 그릇 싹 다 말아 드신다

그러면, 집사람도 아무 일 없었듯
봉투에 돈 천 원 슬며시 넣고
거죽엔 동사무소 이름 몰래 적어 장모님께 드린다
가끔 이 약 처방이 치매약보다 몇 곱절 효과가 좋다

한 바퀴

바람맞은 영감 팔짱 꽉 끼고
산책 나온 노부부
비스듬히 기울어진 어깨 서로 겯고
아파트 놀이터 기우뚱기우뚱 돈다
회전그네 타고 놀던 꼬맹이들
웃음소리 몇 바퀴 돌아나간 그 자리
하마터면 걸려 넘어질 뻔하다
벌 한 마리 날아와, 나리
개나리꽃 활짝 피었습니다, 나으리
그 바람에
벌침 한 방 맞은 듯
개나리 처녀 한 곡절 흥얼거리며
구부정해진 허리 슬몃 곧추세우고
왼발 오른발 짝짝
여기, 지금뿐이라는 각오로
한 걸음 한 걸음
원을 그리며 내딛는 발자국, 절박하다
저토록 간절한 원이 어디 있을까

한 바퀴 돌고 또 한 바퀴 돌고
한숨 푹 내쉬고는
원을 세웠다
오늘은 한 바퀴만 더, 한 바퀴만
놀이터는 노부부의 원을 다 들어주었다
온 우주가 한 바퀴로 둥글둥글 돌아간다
원도 한도 없이, 그냥

엄니처럼

앉았다 일어서니 빙 둘렀다
방전이 된 건지
유효 기간이 다 되어가는 건지
겨우 119 불러 병원 갔다
다짜고짜 빈혈 검사해 보자며
피 한 대롱 뽑고
간수치는 괜찮은데, 의사 선생 고개 갸우뚱갸우뚱
입이 자주 마르고 체중이 좀 줄었습니다
그럼, 정밀 당뇨 검사도 해봐야 된다며
또 피 한 대롱 뽑고
혹, 숨이 차다거나 몸이 가렵지는 않습니까
이참에 콩팥 검사해 보는 게 좋겠어요
그러면서, 또 피 한 대롱 뽑고
갑자기 눈앞이 캄캄해졌다
피 한 사발 마셔도 시원찮을 판에
피 세 대롱 야금야금 빼앗기고 나니
나도 모르게
암울한 세포가 스멀스멀 기어가는 거 같고

허수아비가 되어버린 기분도 들고
이러다 진짜 쓰러지는 거 아닌가 싶다가도
이게 다 유전이라니, 얼마나 다행인지
핏줄 따라 죽 거슬러 올라가 보면, 나
무의 유전자 정보가 깨알같이 드러날 테고
지피지기면 백전백승이라 그랬거늘
어지러우면 어지러운 대로
가려우면 가려운 대로
엄니처럼 그냥 그렇게
논두렁 밭두렁 돌아다니며
달래 냉이 쑥 캐고
빈혈 당뇨 혈압 살살 달래며
어우렁더우렁 살다 가면 되지, 뭐

꽃, 할미 묻다

한평생 팔공산 자락에서 살던 할미
꽃씨를 어느 노시인한테 한 봉지 받아와
이 할미를 어디다 묻어드려야 하나
지나간 바람께 물어볼 수도 없고
고향 뒷산 할배랑 합장을 하자니
살아생전 지지고 볶고 산 할망구
이제 와 무신 낯으로 정을 내노, 하면서
휙 돌아누우실 거 같고
그냥 엄니 살다 간 초가집 텃밭에다
화장한 재 뿌리듯 훌훌 뿌리고 말까
그러면 할미가 다시 태어나
꽃 활짝 피우고
오가는 동네 아낙들 앞에서
나는 죽으나 사나 할미다, 그러시며
배시시 눈웃음 짓고 있겠지
그 꽃, 씨는 아무리 봐도
꼬리 살랑살랑 흔들며
누군가를 유혹하는 올챙이 쏙 빼닮았다

이름만 할미지
이토록 황홀한 씨가 또 어디 있을까
이 세상 여자들
한눈에 홀딱 반할 것만 같은 할미, 꽃
씨를 나는 엄니 자궁에 사르르 묻었다

心부름

현풍 도깨비시장 심부름 가다
가끔 부름이 부림으로 느껴지는 순간
나는 성난 도깨비로 돌변한다
집사람이 장심부름 시킬 때마다
쪼잔한 잔심부름처럼 여겨져
고까짓 시시콜콜한 거까지 나를 부려먹냐고
한참 투덜거리다, 아무 일 없는 척하며
장 보러 간 적 한두 번이 아니다
그렇게 길들여진 잔심부름
이젠 장심부름이 되어버린 일상
변변한 소일거리 하나 딱히 없는 나는
조용히 나를 불러 요리조리 부려먹는다
나 어린 콩나물 한 움큼 사고
딸기도 한 바구니 사고, 거스름돈으로
어릴 적 구멍가게서 몰래 훔쳐 먹다 들킨
라면땅도 몇 봉다리 사고
식육점 벌겋게 내걸린 소고기 한 근 값으로
얼간잽이 고등어 한 손

딸내미 좋아하는 풀빵도 사고
덤으로 엿가락처럼 휘어지는 약장수 노랫가락
한 무더기 주워 담고 슬그머니 계산대 앞에 선다
잔심부름과 장심부름 사이
바코드엔 잔꾀 부린 흔적 깨알같이 다 찍힌다
내 안엔 아직 도깨비처럼 툭툭 튀어나오는
잔심부름 DNA가 고대로 살아남아 있다
여태 나는 마음의 부름을 부림으로 받아들였으니
허, 참……

똥구녕과 목구녕

이리저리 굴러다니다 콩나물시루에 갇혀버린 콩 어지간히도 목이 말랐던 모양입니다 물만 쪽쪽 받아마시고도 하룻밤새 키가 새끼손가락 한 마디쯤 쑥쑥 자랐어요 그것도 받아먹은 물 또다시 받아먹으면서요 햇빛 한 줌 들지 않는 어두컴컴한 구석에서 혹시나 영양실조 걸리면 어쩌나 싶어 물을 한꺼번에 왕창 주었지요 것이 콩의 심기를 건드렸나 봅니다 거꾸로 뒤집어진 콩나물 대가리는 땅으로 처박히고 뿌리는 하늘로 치솟았습니다 옴짝달싹 못 했을 법도 한데 욱욱 하는 소리 들렸습니다 엄니 숨구녕에 꽂은 링거 막히는 소리처럼요

이눔아, 똥구녕에다 물을 주면
물이 목구녕으로 넘어가더냐
콩나물에 물을 주다 엄니 속만 벌컥 뒤집어놓았습니다

제3부

오독하는 새

편백나무 숲속
새 한 마리 기웃거리지 않는 텃밭
농작물 손대지 마새요, 라고 적힌 팻말 훔쳐봤다
마세요, 하면 새들이 못 읽을까 봐
마새요, 라고 적어놓은 걸까

그 담날 쉼 삼아 가보니
농작물 손대지 마,새요 라고 적혀 있다
누군가 와서 손대고 갔다
그 새, 주인은 새로 바뀐 모양새다
허수아비 몰래
, 같은 물똥 갈기고 하늘 저편 날아간 새

눈 깜짝할 새 지켜본 호박 덩굴
울타리 슬몃 넘어와 가지 목을 비틀고 있었다
것도 모르고
밭 주인은 호박 구덩이마다
물똥 한 바가지씩 퍼붓고 있었다

가재 고무신

어릴 적
가잿골 뒷도랑에서
가재 세 마리 잡아
새 고무신에 넣어뒀더니
가재들은 난생처음
고무신을 신고 더듬더듬
삼행시 짓기 놀이라도 하듯
고, 고개를 까딱까딱
무, 무릎은 오므렸다 폈다 그러면서
신, 신이 났다
똑바로 서서 걷는다는 게
한 녀석은 왼편으로 걷고
또 한 녀석은 오른편으로 걷고
또 다른 한 녀석은 좌우도 돌아보지 않고
앞으로 걸었다 뒤로 걸었다 그러기만 하고
나는 그냥 맨발로 삐딱삐딱
가재걸음 걸었다
집에 와서

신발을 벗겨 보니
그 녀석들 발가락에
물집이 몽실몽실 생겼다

연

정월 대보름날
초등학교 운동장에서 아이가 연을 날린다
바람 타고 날아오른 연
줄이 아이 손을 꼭 잡고 놓지 않는다
연줄이 뭔 줄도 모르고
바람 부는 대로
연줄을 풀었다 감았다
아이와 연 사이
풀 먹은 연줄은
허공 벽에 딱 달라붙어
바람을 피웠다
샛바람 틈새로 새 두 마리 날아와
연 꼬리 옆에서 훨훨 춤을 추었다
줄이 닿았다
아이와 연과 새 사이
기막힌 연줄이 닿았다
날개를 달았다
살랑살랑 꼬리 흔드는 새

연이 연줄을 잡아당긴다
팽팽한 삼각관계다
바람도 눈치채지 못한 이 연출, 아니 연줄
신바람이 났다

어느 봄날

개와 개나리 사이
무슨 연분이 있을 리도 만무하고
아파트 담벼락 활짝 핀 개나리 앞에서
산책 나온 개 두 마리
난리를 치네요
멀건 대낮
입마개 한 사람들은
벚꽃 벗고-옷 그러며 지나가는데
누런 수캐는 혀를 빼물고
꽁무니 빼는 암캐 등에 확 올라탑니다
개 나리, 난
나리 쏙 빼닮은 개를 낳고 싶어요
코로나로 들끓는 이 난리 통에도, 참
사랑은 싹이 트네요
개 난리 통에
개나리는 참 난감했겠습니다
이 화창한 봄날
성이 차지 않은 게

어디 개들뿐이었겠습니까마는
사정없이 떠나는 봄도
어지간히 다급했나 봅니다

돌봄이라는 봄

지나갔다, 내 앞으로
한 할머니가 개 목줄을 잡고
봄처럼 지나갔다

문득, 돌봄이라는 봄이
내게로 따스하게 와 닿았다

할머니는 개를 돌보고
개는 할머니를 돌보며

둘이 서로 앞서거니 뒤서거니 하면서
지나갔다, 돌봄 가족이 되어

나는 누군가의 돌봄이
돌보미가 된 적 있었던가

돌봄이라는 봄 지나가는 사이
얼어붙은 맘도 봄눈처럼 녹아

돌봄이 돌보미로 줄줄 달라붙었다

봄이, 이 봄이……
어디서 와서 어디로 돌아가는지는 모르지만
하여튼 나를 찾아왔다
어느 겨울 길모퉁이서인지 개울가에서인지
파릇파릇 돋아나는 돌미나리처럼

그래, 맞아
이게 바로 봄이야
지나고 보면, 봄은 봄이 아니라고
돌봄이라는 봄 지나가며 그랬다
봄은 늘 이렇게 왔다 가는 거라고

산낙지와 하룻밤

나 어릴 적 우등상 받아왔다고 아버지는 시오리 길 장에 가서 장작 한 짐 판 돈으로 산낙지 한 마리 지겟머리 걸머지고 오셨다

그날 저녁 그 녀석을 산 채로 듬성듬성 썰어 접시 위에다 올려놓으니 낙지 수십 마리가 꼬물꼬물거렸다 난생처음 바다를 떠나온 낙지는 참, 어리둥절했겠다

바다에 사는 줄도 모르고 산 낙지는 정신없이 참, 기름장을 찍어 먹었다 미끌미끌 파도가 출렁일 때마다 멀미를 했다

낙지는 내 입안이 갯벌인 줄 알고 천장에 착 달라붙어 있다가 목구멍 속으로 차츰차츰 기어들어 갔다 낯선 숙소에서 밤새 구불텅구불텅 온몸을 뒤척이다 새벽녘 나랑 곤히 잠들었다

늦가을 시화전

얼마 전, 엄니 살던 흙집에서 시화전을 열었다 틈틈이 주워 모은 기왓장에다 연꽃 그림 그리고 시 몇 구절 적어 마당 구석구석 세워뒀다 이게, 시처럼 그림처럼 보였던지 오가는 개미들은 줄지어 서서 한참 쳐다보다 가고 동네 길고양이들은 재능 기부하듯 야옹야옹 자작시 낭송도 하고, 그 소문 듣고 찾아온 벌 나비는 시향에 흠뻑 젖어 훨훨 춤도 추고 시화가 뭔 줄도 모르는 거미들은 처마 밑 허공에다 습작하듯 그림 같은 시 줄줄 걸쳐놓고 이 줄 저 줄 밑줄 그어가며 붓질하느라 분주하고 어디선가 귀티 나는 새도 한 마리 날아와 홋홋, 하며 시를 읊었다

비슬산 문필봉이 나를 내려다보며
그냥 붓 가는 대로
그리고 쓴 것
그게 다 그림이고 시라는 말씀 한마디
후투티처럼 훅, 던지고 갔다

어느 노송의 주례 말씀

고향 친구 딸내미 예식 가서
주례 없는 혼례식을 보고
예식장 마당 벤치에 나와 앉아 있자니
전깃줄로 탱탱 묶인 노송 한 그루
반짝반짝 불이 들어오자
주례 말씀 한마디 하신다
서로 다른 누구랑 붙어산다는 것
일촉즉발의 위기지요
나는 늘 푸른 줄만 알았어요
일 촉 전구쯤이야, 하고 살았는데
그 일 촉들이 한꺼번에 번쩍
벌떼처럼 달려들 땐
심장이 터질 것만 같소
그런 줄도 모르고
야, 저 소나무 늘 짜릿하겠다
비바람 몰아치고 어둠 찾아와도
저토록 뜨겁고 환상적인 밤
또 어디 있겠냐고

남들은 부러운 눈빛으로 바라보지만, 나
무의 생 또한 저기, 저
솔방울들처럼 붙어살다 가는 객일 뿐이오
이 세상 늘 푸른 솔이 어디 있소

소문난 뻥튀기집

테크노폴리스 바람에 천지개벽한 현풍
백년도깨비시장 골목 한 모퉁이 돌면
삼대째 이어온 허름한 뻥튀기집 하나 있다
뻥이야, 뻥! 하고 뻥튀길 때마다
그 언저리 집값은 노랫가락처럼 출렁이고
길바닥 튕겨 나간 튀밥 부스러기 주워 먹으며
숨바꼭질하고 놀던 동네 꼬마 녀석들은 다 어디로 갔는지
연기 그을린 나무판자에 붉은 글씨로 조그맣게 적힌
뻥튀기집만 뻥 튀겨져 눈에 확 띈다
뻥튀기 세 대를 놓고
세대별로 뻥튀기하는 노부부
이삼십 대는 주로 콩을 튀겨가고
사오십 대는 옥수수를
육칠십 대는 쌀을 튀겨 간다고
여기 오면 누구나 십 대로 펑 튀겨진다고
말 같잖은 말을 참말처럼 뻥 튀겼다
뻥튀기 세 대가 세대 차이 없이
장날마다 빙글빙글 돌아가는 뻥튀기집

설에 먹다 남은 떡국 한 됫박 들고 가
나도 모르게 신세대 뻥튀기 줄에 서서
콩인 척 들이밀고 뻥 튀기려는 참
떡국은 쌀을 좀 넣어야 제대로 튀겨진다고
속궁합이 안 맞으면 거죽도 시커멓게 타버린다고
뻥튀기 영감님 너스레 한바탕 떨더니만
쌀 한 주먹 사카린 한 스푼 훅 집어넣지 뭔가
허허, 진작 여기 와서 뻥튀기 궁합 한번 보고 갈걸
어디선가 이 소문 듣고
뻥튀기집 앞으로 모여든 참새들, 짹짹
오늘은 쌀 튀밥에다 떡국 뻥튀기까지 찰떡궁합
절로 배가 부르다

돌리네*

상주 함창 공갈못 따돌리고
굽이굽이 돌고 돌다
황새골 돌리네 습지로 발길 대뜸 돌리네
으악새 슬피 우는 가을처럼
억새로 둘러싸인 돌리네
웅덩이 속 들여다보았네
봄나들이 나온 올챙이 오글오글 청첩장을 돌리네
꼬리진달래 활짝 피는 유월이면
두꺼비로 엉금엉금 기어 다닌다는 풍문도 살랑살랑
발가락 휘젓고 돌아다니는 소금쟁이들은
먼 길 돌고 돌아온 산 그리메 빙글빙글 돌리네
물속에 있는 둥 없는 둥 숨어서
요 벌레 조 벌레 잡아먹다 들통난 들통발
난, 수초란 말이야
민망한 듯 고개를 요리조리 돌리네
그사이 황조롱이 한 마리 날아 앉아
돌리네 해설하는 영감님 말씀
고대로 씨불이기라도 하듯

키득키득 웃음 한 바탕씩 죽 돌리네
따돌릴세라, 바람피우고 돌아온 원앙
수달 담비 삵 능구렁이 사진 앞에서
사랑가 한 곡절 부르며
구렁이 담 넘어가듯 눈길을 돌리네
이게 다 습이었네
돌고 돌아 닿은 돌리네 습
잠시 숨 돌리고 한 생각 돌려보니
습이란 습은 다 느릿느릿 왔다
제자리로 돌아가는 연습장이었네
이참에 바쁘게 길든 나
무의 습 한 무더기 여기다 내려놓고 가야겠네

---

*돌리네: 경북 문경시 산북면 우곡리 굴봉산 정상에 위치한 석회암 습지.

눈 내린 성당

못 둑 몇 바퀴 돌다
바퀴 빠진 자동차처럼 기우뚱 멈춰 서서
얼음판 위 까치 한 마리 보았네
두 다리 꼿꼿이 세우고
설경을 성경처럼 읽고 서 있네
'수고하고 무거운 짐 진 자들아
다 내게로 오라
내가 너희를 쉬게 하리라'
(마태복음 11장 28절)
그 아래엔
핼쑥한 초승 낮달 멋쩍게 떠 있고
살얼음 녹은 물 섶엔
텃새 부리는 물오리 떼 간간이 오갈 뿐
정적이 감도는 성당
못 박혀 죽은 예수 부활이라도 한 듯
외마디 까치 울음소리 울려 퍼지네
하루해 불그스레 얼비치는 저녁답
둥지를 찾다

먹잇감을 구하다
여기까지 흘러온 눈빛, 눈빛들
둑가 죽 둘러앉아
제 그림자 물끄러미 들여다보고 있네
까치 미사 후끈 달아오른 성당
못 언저리 사방팔방 다 둘러봐도
성당은 없네

---

*성당못: 대구시 달서구 두류공원 내에 있는 연못.

나는 땅 부자다

아버지 살아생전
옆집 다랑논 서너 마지기 부쳐 먹고 살면서도
나는 땅 부자다, 땅 부자다 늘 그러셨는데
고 말씀 고대로 물려받았다
걷다, 문득 생각해 보니
아버지는 땅, 나는 땅의 아들
땅 부자다
아무도 거들떠보지 않는 땅
나 혼자 걷다 보면
그 땅은 온전히 나의 땅이 되고 만다
이런 날은
오두막 같은 찻집에 들어가
삼천 원짜리 커피 한 잔 시켜놓고
땅 주인 노릇을 한다
여보시오, 이곳은
쓸 땅이 없는 거 같소
그러면, 동남아 종업원 아가씨
설탕 한 봉다리 들고 쫓아와

썰~땅 쓸 땅 여기 있어요, 하면서
연신 고개를 숙인다
이 맛에 나는
쓸모없는 땅만 죽도록 밟고 다닌다
땅값이 얼마냐고
평수가 얼마나 되냐고
묻는 이 없어 참, 좋다

가끔 나를 설거지할 때 있다

삼식이가 되어버린 요즘 밥값 한답시고 가끔 나를 설거지할 때 있다 우르르 한꺼번에 다 몰려온 밥그릇 국그릇 반찬 접시 숟가락 젓가락 서로 뒤엉켜 아우성치다 틈새로 물이 스며들면 지들끼리 물살을 밀고 당기면서 달그락달그락 나를 설거지할 때 있다 아무 생각 없이 내 손, 가락이 물레 잣는 노랫가락처럼 휘어 고개 삐죽 내밀고 쳐다보는 숟가락 젓가락에 먼저 가닿아 손빨래하듯 짓이길 때도 있다 그럴 때마다 평생 설거지하고 살아온 집사람 잔소리 한 바가지 싱크대로 확 쏟아붓는다 대접받는 그릇이 먼저지 밥하고 국 없는 밥상이 어디 있냐고 금세 나는 어물쩍, 이 접시 저 접시 눈치 보며 잔소리까지 몽땅 받아먹은 밥그릇 국그릇 설거지하고, 맨 나중에 속 새카맣게 탄 나를 설거지할 때 있다

제4부

누가 벚꽃을 보았다 하는가

한 소식했다는 소문 듣고 금호강변 벚꽃길 찾아갔다 귀한 손님 뵈러 가는데 그냥 맨손으로 갈 수는 없고 오래전 출간한 시집『참, 조용한 혁명』이나 들고 가 시답잖은 시라도 한 편 읽어줄까 거짓과 혼돈이 난무하는 세상, 참꽃으로 뿌리내린 비슬산 얘기라서 눈이 번쩍 뜨일지도 모르지 아니야, 꽃 활짝 피운다고 몇 날 며칠 밤 꼬박 새웠을 텐데 금호강 오르내리는 오리배 태워 옛 노래처럼 흘러간 아양철길 눈요기라도 실컷 시켜줘야지 봄 오가는 길목에 마주 보고 서서 봄은 어디 있냐고 꼬치꼬치 물어봐야지 그러는 새, 봄이 말문을 열었다 누군가에게 뭔가 보여주기 위해 온 것처럼 봄은 늘 이렇게 왔다 간다고 봄을 보았다 하지만 정작 봄은 없고, 봄 아닌 봄만 가득한 이 봄, 누가 벚꽃을 보았다 하는가

농심

이웃집 혼자 사는 할아버지 일손 거들어준답시고 양파밭 따라갔더니 양파 줄기가 새들새들 곯아 다 자빠져 있다. 쭉쭉 뻗은 녀석들은 드문드문 눈에 띈다. 올 양파 농사 흉년이구먼요, 그랬더니 할아버지 한숨 푹 쉬며 아니야, 풍년이야 풍년. 올 양파값이 똥값이구먼.

양파도 양 파가 있다네. 암놈과 수놈 사이 보이지 않는 파벌이 심하다네. 암놈은 비둘기파고 수놈은 매파지. 줄기가 땅 위로 올라와 죽은 듯 쓰러져 있는 녀석들은 다 암놈이라네. 나중에 캐보면 얼굴도 둥실하게 생겨서 맛도 달큼하고 부드럽지. 근데 줄기 쭉쭉 뻗고 듬성듬성 서 있는 저 녀석들은 수놈이야. 겉보기엔 인물도 좋고 멋있어 보이는데 뿌리 뽑아보면 길쭉하게 못생겼고 맛도 맵고 심지도 질근질근 씹혀 보는 족족 다 뽑아버린다네.

그나저나, 암놈이 많으면 풍년들어 좋긴 한데 양파값은 똥값이고 수놈이 많은 해는 흉년이란 말일세. 세상은 양성평등이니 뭐니 하며 떠들어대지만 양파는 갈수록 양 파로 쭉쭉 갈

라져 도 아니면 모뿐이니, 이놈의 양파밭 갈아엎어야 하나. 그냥 쳐다보고만 있어야 하나.

브레이크 타임

시래기 국밥집 앞 지나가다
문득 시래깃국 먹던 어린 시절 떠올라
고 생각 고대로 데리고
식당 문고리 잡아당겼더니 문이 잠겼다
브레이크 타임, 3시부터 5시까지
장사를 하지 않는다고
두 시간이면 무밭 다 갈아엎고도 남는 시간인데
그래, 올가을 무도 똥값이고
시래깃국 장사해서 먹고살기 힘든 건
너나 나나 마찬가지
그래도 밥때 놓친 사람들 허기 채우긴 그저 그만인데
설마, 시래기가 쓰레기 되어버린 걸까
손님은 아무도 없고
나 혼자 길바닥 버려진 무청 한 가닥 주워
너의 전생은 무, 내생은 시래기
그놈의 한 생 물고 늘어진 나는
무 한 입 베어 물고
시래기 되었다 무 되었다

한 시간 남짓 온갖 궁상떨면서
기다렸다, 나도 무도 아닌 나무 의자에 앉아
한 번도 만난 적 없는, 나
무의 자를 만나고 있었다
시래기는 오간 데 없고
무 사이로 또 한 생이 지나갔다
폐휴지 한 리어카 싣고
국밥값 4000원 슬몃 훔쳐보는 노부부
브레이크 밟았다 뗐다 그러면서
줄을 섰다
뚝뚝 떨어지는 낙엽들처럼

이들의 반란

이 없으면 잇몸으로 살지, 뭐
이 말 엿들은 어떤 이는 몽니를 부렸고
또 어떤 이는 치를 떨었다
치심이 곧 민심인 이 세상
이간질하는 이들 다독이며 이 수리 센터 갔다

언제 뽑혀 나갈지도 모르는 이들
위아래 닥지닥지 붙어 서서 난생처음 사진을 찍었다
저마다 표정이 사뭇 달랐다
나는 웃는다고 웃었는데, 이들은 비웃었다
개중엔 억지로 웃다 찡그린 이도 있었고
웃자, 웃자 그러는 이도 있었다
웃는 게 웃는 게 아닌 이들, 속으로는 다 이 악물고 있었다

한 곳에 뿌리내리고 살아온 이들
환갑 진갑 다 지나고 보니, 그 이가 그 이
온 데 물어뜯고 할퀴며 땟거리 장만해 주던 송곳니도
언제 어디서나 잘도 씹어 재끼던 어금니도

사시사철 수문장 노릇하며 대문 든든히 지켜주던 대문니도
이 평생 더부살이해 온 덧니도
비만 오면 생각나던 풋풋한 사랑니조차도
다 빠드러졌고
올곧은 이의 흔적은 그 어디에도 찾아볼 수 없다

이들 사이 골골이 끼어 있는 나
씹어도 씹어도 씹히지 않는, 이보다 더 서러운 게 어디 있으랴
씹는 거밖에 모르는 이들
잇몸 떠나면 죽는 줄만 알고 벌벌 떨며 살아온 이들
잇속까지 다 드러내고 누워 히죽히죽 나를 씹었다
이들의 반란이 시작되었다

벌침의 훈

벌로 벌집 건드리지 마세요
벌들은 화나면 끝까지 따라와 쏘거든요
벌침 한 방 맞으면
통증은 줄고 면역력은 좋아진다는 설도 있지만
벌이 누군가를 한번 쏘고 나면
장렬히 죽어버린다는 설도 나돌더군요
긴가민가했는데, 허기진 어느 봄날
가파른 언덕배기 아카시아꽃 한 다발
벌들 몰래 따먹다
허리 삐끗해서 한방병원 간 적 있어요
의사 선생 웃으면서
수벌 행세하다 벌 받으셨네요, 그러더니
어디선가 벌 한 마리 꺼내와
쑤시는 곳 한 방 콕 쏘아주더군요, 주삿바늘처럼
벌은 저 홀로 벌벌 떨다 고이 날개를 접더군요
누군가에게 장기를 떼어주고
날갯짓하며 떠나는 한 영혼을 보았습니다
그 소식이 온몸으로 퍼졌습니다

나도 모르게 벌이라는 벌 사이트
조문하듯 다 뒤졌습니다
여왕벌은 보이지 않고
일벌들만 분주히 들락날락하고 있어요
평생 다섯 번 정도의 비행을 하고
겨우 4주밖에 살지 못한다는 말
벌의 글귀가 어느 벌집 궁전 앞에 나붙었네요
시한부 생을 살다 간 엄니 유서처럼요

그럼에도 불구하고

경자년 말고삐 잡고
말 엉덩이 툭, 쳐 봅니다
다급히, 지나가는 말처럼
우리 속엔 말이 말을 물고 돌아다니는
코로나라는 말만 우글거렸어요
삼 년 내내 우리는 그 말을 길들였지요
말 많은 나는 된서리를 맞았어요
우리 속에 갇힌 수많은 말들이 말문을 잃어버렸거든요
참다, 참다못해 말꼬리라도 한번 슬몃 잡으면
그 말은, 말인즉슨
말이 아닌 비말 취급을 받고 말았으니 말이지요
말들은 다 숨죽이고 살 수밖에요
발 없는 말이 천리를 간다고 했던가요
말과 말 사이 오간 비말은
거짓말처럼 번졌어요
말이란 말에는 다 끼어들고
소문이란 소문은 다 퍼뜨렸어요
그럼에도 불구하고

말들은 말머리 돌리지 않고 말꼬리만 잘랐지요
아무도 그 말을 하지 않았어요
아니, 할 수가 없었지요
저기, 끄레기 벗고
뚜벅뚜벅 걸어오는 흰 소 앞에서, 코로
나를 훤히 꿰뚫어 볼
둥근 우주 같은, 코뚜레를 떠올려봅니다

아귀

염치없이 먹을 것 탐하는 저녁 시간
포항 죽도시장 어물전 앞은 온통 아귀들로 붐빈다
아귀 두 마리 만 원, 만 원
떨이 외치는 목소리에 바닷물도 출렁출렁
좌판은 들썩들썩

몸집은 크고 입은 눈곱만해서
눈만 뜨면 아귀다툼 벌였을 거 같은 아귀
머리는 납작 몸통은 넓적 꼬리는 몽당, 통 아귀가 맞지 않다
저잣거리 떠돌다 버려진 영혼처럼 몸값도 헐하고
누구라도 찜하기엔 그저 그만

그래, 오늘 저녁
아귀찜 안주 삼아 소주 한 잔, 어때?
아귀다툼 없는 세상을 위하여
아귀가 남기고 간 살과 뼈 실컷 발라먹어 봐
굶주린 아귀들처럼 아귀 눈에는 아귀만 보여
죽어도 아귀가 아니라고 우기진 말게

그냥 나로 돌아가, 아귀
말귀 어두운 나의 귀에 귀 기울여 봐
나도 모르게 아귀가 되어버리는 순간, 아
귀는 열리고, 아귀는 아기처럼 말문이 터지고

이 세상엔 별의별 아귀가 다 있어
나 어릴 적, 바람막이 문짝 떨어져
그놈의 귀를 맞추느라 애먹었거든
것도 귀라고 우기면서
지나가는 여자 속곳 옆 터놓은 구멍 속으로
손가락 쑥 밀어 넣고 싶을 때도 있었고
이제 와 뒤돌아보니
그게 다 아귀목 아귀과에 속하는 아귀였어

유언처럼 받아 적은 아귀
나 돌아가기 전 누구한테 꼭 전해야 하는데
여기, 지금, 나는 육도 윤회 중이라고

소똥구리

파브르 곤충기 표지에 그려진 소똥구리가 되살아났다
개똥, 아니 소똥에 굴러도 이승이 좋다던 소똥구리
그 소똥구리 한 마리에 백만 원 호가한다는 뉴스를 뜬금없이 들었다
구리구리 마구리 수구리사바하
내 머릿속엔 아직도 저 녀석들 수백 마리가 살아 있는데
지금 내다 팔면 평생 먹고 살고도 남겠다
소똥구리 한 마리 몸값이 백만 원이면
소똥구리가 파먹고 산 소똥 값은 대체 얼마나 될꼬
거기다, 황금 같은 풀 뜯어 먹고 똥을 싼 소값은 또 얼마나 쳐줄꼬
소똥 냄새 맡은 소똥구리
수십 리 밖 먼 길 데굴데굴 굴러와
머리끝에 달린 뿔로 소똥 굴을 파고들 무렵
소는 골목대장처럼 길 막고 서서
똥 몇 무더기 한 줄로 죽 더 싸 붙이고는
그놈들을 장난감처럼 요리조리 데리고 놀다
저물녘에야 집으로 돌려보내 주곤 하더니만

그 소똥구리 몸값이 요로코롬 치솟을 줄 뉜들 알았겠나
대궐 같은 마구간에서 신토불이 콩에다
무공해까지 듬뿍 버무려 넣고 구시게 쑨 여물죽
삼시세끼 맘껏 먹고 살던 소
어쩌다 감옥 같은 우리에 갇혀
항생 사료나 겨우 받아먹고 사는 꼴이 되었으니
이젠, 금값이 된 소똥구리 뒤꽁무니 졸졸 따라다니며
되려, 소가 소똥구리 싼 똥 싹싹 핥아먹고 살아야 할 판
세상만사 새옹지마라 하더니만

알맹 상점

호기심에 들렀다
껍데기는 없고 알맹이만 판다는 건가
재활용 안 되는 쓰레기 수거한다고?
아무짝에도 쓸모없는 것들을, 이게 뭐지
샴푸 린스 액만 팔잖아, 통은 아예 없고
그럼, 알맹이만 가져가란 말인가
재활용 안 되는 쓰레기 같은 생각 다 버리고
그래, 맞아 벌레 먹은 복숭아가 진짜지
사슴벌레가 파먹던 참나무숲이 참숲이야

구멍 숭숭 난 얼갈이배추 한 단을 샀다
반듯하게 자라 몸값 뽐내고 싶었을 녀석들
집으로 데려와 흐르는 물에 한 장 한 장 씻는데
이파리 속 참달팽이 한 마리 착, 달라붙어 있다
아, 진짜네

그 담날 노인정 가서 배추 고갱이 얘기했더니
너도나도 재활용 안 되는 쓰레기 주섬주섬 들고

알맹이만 판다는 상점 찾아가 선물 한 보따리씩 받아왔다
어떤 이는 우유팩 한 박스 들고 가 화장지 받아오고
어떤 이는 병뚜껑 한 봉다리 들고 가 재활용 치약짜개 받아오고
또 어떤 이는 말린 커피가루 가져가 손주 연필 받아오고
참, 착한 가게다
일회용품이 판을 치는 세상에
재활용도 안 되는 쓰레기가 한자리 모여 빛났다
실리콘은 전자제품 버튼으로
폐전선 멀티탭 이어폰은 구리로
폐 토너 카트리지는 재생 토너 카트리지로
정수기 필터는 팔레트로
크레파스는 리크레파스로
늙고 닳고 낡아 버릴 곳조차 마땅찮은 물건들이
새로 거듭나는 순간, 알맹이가 되었다

나무 의자

물속에 가라앉은 나무 의자 하나
미라처럼 등을 바닥에 대고
못 한 모퉁이 조용히 누워 있다
지나가다 언뜻 보면
평생 누군가의 엉덩이 치받들고
꼿꼿이 앉아 등받이 노릇만 하고 살다
이제 두 다리 쭉 뻗고 누워
노후를 편히 쉬는 듯한 모양새다
그 자세가 부러웠던지
물오리 떼 간간이 찾아와
근심 풀듯 물갈퀴 풀어놓고 앉아
쉬, 하다 가고
그 소문 들은 물고기들도
어항 드나들듯
시시때때로 와서 쉬었다 가는데, 저 나
무의 자는 더 이상
나무도 아니고, 의자도 아니다
앉으나 누우나, 성당

못 오가는 사람들 쉼터 되어주다
못 속으로 돌아가
못 다 둘러 빠지는 그 순간까지
십자가 걸머지고 가는 나
무의 자는
나무로 왔다 의자로 살다
못으로 돌아간 성자

코로나 혁명·1

말문을 막고 사니
여태 말로 지은 말빚 조금이나마 갚고
제자리로 돌아가는 거 같아 참 좋습니다

말수가 줄어드니
보이지 않던 것도 보이고
들리지 않던 것도 들리고

말과 말 사이 끼어드는 비말
한번 뱉은 말은 다시 주워 담을 수 없다고
조용히 일러주는 거 같아 참 좋습니다

말도 많고 탈도 많은 이 세상
누가 말 같잖은 말 물어 나르는지
말 한마디 없이도 알 것만 같고

말이란 말 한물가고
말 아닌 비말이 판을 쳐도

말 없는 말 고대로 살아 있는 거 같고

말머리 말꼬리 다 잘린 말
빗장 걸어 잠그고 눈으로만 말해도
할 말 다 한 거 같아 참 좋습니다

수상한 이 시국에
무슨 말이 이리도 많으냐고 그러시면
참으로 할 말이 없습니다

코로나 혁명·2

변이다, 그러면
또 가슴 철렁 내려앉는다
혹자는 저놈의 변이가
중심부에서 주변부로 잠시 퍼졌다 사라지는
돌연변이쯤으로 치부하겠지만
이제 변이는 변수가 아니라 상수다
우리들의 일상이다
빈말처럼 돌아다니는 비말
여기서 한 말
저기 가서 딴말하는 저놈의 변
이는 분명 또 다른 나의 변이다
변덕이 죽 끓듯
거짓말 밥 먹듯 하는 변이
내가 뱉은 말 한마디가, 지금
어디 가서 기웃거리고 있는지
말 이전의 말로 되돌아가
조용히 말 없는 말 귀담아들어 보라
주변에서 생긴 변이가

나의 중심으로 파고들었다고
누군가를 원망하고 있는 건 아닌지
중심과 주변이 따로 없는 이 세상
변이는 늘 있어 왔다
우리가 그 말에 속고 살았을 뿐
변은 중심이고
중심이 곧 변이다
잠시도 한 변에 머물지 않고
어딘가 머문 바 없이 머물러 있는, 저 변
이를 나는 코로나 혁명이라 부르겠다

거미는 왜 줄 얘기만 늘어놓을까

뷰 좋다는 고층 아파트 여름 한철 살아봤는데
거기는 줄 없이는 살기 힘들어
파리 모기 매미 나비 잠자리 같은 너희들은 은신도 못해
무턱대고 날아갔다 그 안에 갇히면 빠져나올 길이 없어
뱅글뱅글 돌다 보면 거가 거 같고
현기증이 날 정도야
출입문 버튼인 줄 알고 아무거나 쿡쿡 누르다 보면
온몸이 찌릿찌릿 전기가 통해
기절할 때도 있어
심지어 줄 있는 곤줄박이 줄풍뎅이 줄나방도
살만한 줄 알고 왔다 견디지 못하고 다 떠났어
먹고살 밥줄이 당장 끊어져 버리거든
그리고 몰래카메라도 곳곳에 숨어 있어
단체행동 같은 건 꿈도 못 꾸지
그런 줄도 모르고 저 아랫동네 사는 개미들은 하나같이
눈만 뜨면 하늘 쳐다보고 무슨 인터뷰하듯
뷰, 뷰 그러면서
뷰 좋은 집에 한번 살아보는 게 꿈이라 하데

얘들아, 정 그러면 내 줄에 매달려 봐
이래봬도 내 심줄은 단백질 덩어리야
강철보다 힘이 센 줄 아무도 모르지
내 사는 동네는 다 하늘이야
그 터는 거미 혈이 흐르는 명당이지
다들 그러던데, 뷰 하나는 죽인다더라
하루살이들의 천국이야 천국
해 질 무렵이면 줄 없는 땅거미도 몰려와 거미 천국이 되지
모기 날아들면 모기장이 되고
잠자리 잠들면 잠자리가 되는 줄
낯선 원룸 광고처럼 줄줄 나붙었다
줄로 줄로 집 한 채 뚝딱 짓는 거미
저 줄의 행간을 누가 다 읽고 갈까

유배 일지
— 서포 김만중 선생께

1분 1초가 아쉽게 지나가는 백련항
노도 오시다 적힌 뱃머리서
사람들은 잠시라도 육지에 더 머무르고 싶은 듯
멈칫멈칫 뒷걸음질 치다 귀양길 올랐네
다시 돌아오지 못한다는 생각 문득 들어
나는 맨 마지막 배를 탔네, 아이고
배 아파라, 노도 유배 온 사람들은 우리밖에 없었네

어쩌겠나, 너도 나도
오도 가도 못한 노도에서
노도 없는 노 무심히 저었네
여기, 지금, 누가 유배를 왔냐고
누군가 죽비 내려치듯
무언의 말 한마디 툭, 던지고 사라졌네
그 시절 인연에
나는 '노도 오! 시다'라는 답시 한 편
서포 초옥 바람벽에다 시답잖게 걸어두고 왔네

해설

사랑과 생명의 생성 원리

유성호(문학평론가 · 한양대 교수)

1. 머물되 머문 바 없이 머문 그림자처럼

김욱진 시인의 다섯 번째 시집 『어느 노송의 주례 말씀』은 오래된 삶의 심층에 존재하는 보편적이면서도 유니크한 언어와 사유를 응집한 미학적 집성(集成)으로 다가온다. 모든 사물의 상호 관계가 너무도 복잡해진 세계 속에서 이러한 언어와 사유는 비교적 긴 호흡과 투명한 인식을 통해 출현한다. 아닌 게 아니라 김욱진 시인은 짧은 긴장의 미학보다는 누군가에게 말을 건네는 소통 화법으로 언어와 사유의 극점을 향해 나아간다. 엄밀히 말해 그의 시는 단형 서정에서 이루어지지 않고, 다분히 복합적인 사유의 장(場)을 구성하는 말의 연쇄

과정에서 생성되고 있다 할 것이다.

다이언 애커먼은『감각의 박물학』에서, 감각이 자아와 세계 사이에 놓인 창(窓)이며 이때 자아는 그 창을 통해 세계와 만나고 세계를 바라보게 된다고 하였다. 김욱진 시인이 보여주는 민활한 감각이야말로 자아와 세계 사이를 이어주는 가장 중요하고 구체적인 '창'으로 맞춤하다고 할 수 있다. 다양하고 선명한 감각을 통해 시인은 자신의 원체험을 발견하고 그것을 시 안에 풀어놓고 있지 않은가. 독자적인 기억 속에서 자신의 원체험을 변형하면서 그는 새로운 감각을 파생적으로 주조(鑄造)해 간다. 모든 시인이 남다른 기억을 통해 자기동일성을 획득해 간다는 점에서 이러한 경험은 김욱진만의 방식을 보여주는 선택과 배열의 원리라고 할 수 있을 것이다. 이러한 측면에서 김욱진은 원체험을 부단히 변형하여 상상해 내는 감각의 원리를 충실하고도 풍부하게 보여주는 시인으로 주목받아 마땅할 것이다. 이제 그러한 언어와 사유와 감각이 번져가는 세계 안으로 한 걸음씩 들어가 보도록 하자.

2. 언어적 균형의 의장(意匠)을 통한 시인으로서의 존재론

먼저 김욱진의 언어는 경쾌하고 아름다운 리듬을 가진 채 알맞은 화음(和音)으로 출렁이고 있다. 그 출렁임은 격렬한 몸짓으로 이어지지 않고 사물과 사물 사이를 환하게 채우는 파

동으로만 존재한다. 그 과정에서 그는 이미 자기 영토를 확보하고 있는 사물들에게 새로운 이름을 주고, 그들끼리 소통하게끔 해주며, 나아가 그들이 시인의 경험에 어떻게 깃들게 되었는지를 표현해 간다. 이때 사물들은 외따로 떨어진 개별자들이 아니라 서로 긴밀하고 필연적인 연관성을 가진 유기적 전체를 호혜적으로 이루게 된다. 그래서 시인이 상상적으로 구성하는 사물의 관계는, 합리적 인과율이 아니라 시인의 경험에 의해 충실하게 결속하는 방향을 취한다. 특별히 자연 사물 속에 편재하는 생명에 긍정의 마인드를 부여하는 상상력을 일관되게 노래하는 김욱진 시인은 사물 안에서 숨 쉬고 있는 다양한 생명의 표상을 통해 자신만의 예술적 세계를 펼쳐가고 있지 않은가. 사물들로 하여금 근원적 가치를 품고 있는 상관물로 존재하게끔 해주는 다음 작품의 리듬과 파문을 한번 경험해 보자.

눈이 없네
눈이 있네
꼬마랑 아옹다옹하며
눈 구경 나온 엄마가
눈 위에다
눈, 이라 쓰네
맞은편 서 있는 꼬마가

곡, 하고 읽네
엄마와 꼬마 사이
눈싸움 벌어졌네
그 사이
거꾸로 보는 눈 송이송이
흰소리 치며 달려와
푹 패인 곡 덮어버리네
눈이 눈을 속였네
눈 맞은
눈사람 둘 엉겨 붙어 있네

—「눈사람」 전문

이 산뜻한 언어미학의 결실은 '눈사람'을 대상으로 삼았지만, 사실은 '눈' 혹은 '눈사람'이라는 말이 품은 경험적 실감을 높이려는 의도에 의해 창작되었다. 내리는 눈 송이송이, 눈 구경, 눈싸움, 눈사람의 '눈[雪]'과 눈 맞았을 때의 '눈[眼]'이 있고, 그 사이사이로 "눈이 없네/눈이 있네"라든지 "눈, 이라" 쓴 것이라든지 "눈을 속였네"처럼 어느 쪽으로 보아도 좋을 '눈'과 '눈'의 풍요로운 중첩과 분기(分岐)가 순간적으로 교차하고 있다. 눈 구경 나온 엄마와 꼬마는 눈싸움을 벌이고, 엄마가 쓴 '눈'을 아이는 거꾸로 '곡'이라고 읽는다. 그 순간에도 흰소리 치며 달려오는 '눈송이' 사이로 엄마와 아이는 "눈 맞은/눈사람 둘"처럼 엉겨 붙어 있다. 결국 '눈사람'은 눈으로 만든 사람이자 눈 맞은 사람이기도 할 것이다. 이러한 '눈/눈'의 언어유희(pun)를 통해 시인은 말이 이루어가는 황홀한 순간들을 만들어낸다. "그냥 붓 가는 대로/그리고 쓴 것/그게 다 그림이고 시라는 말씀"(「늦가을 시화전」)에 귀 기울이면서 가장 자연스러운 모국어의 표상에 가닿고 있는 것이다. '시인 김욱진'의 언어적 매무새가 이러한 기율에 의해 탄생하고 있다. 다음은 어떠한가.

1분 1초가 아쉽게 지나가는 백련항
노도 오시다 적힌 뱃머리서
사람들은 잠시라도 육지에 더 머무르고 싶은 듯
멈칫멈칫 뒷걸음질 치다 귀양길 올랐네
다시 돌아오지 못한다는 생각 문득 들어
나는 맨 마지막 배를 탔네, 아이고
배 아파라, 노도 유배 온 사람들은 우리밖에 없었네

어쩌겠나, 너도 나도
오도 가도 못한 노도에서
노도 없는 노 무심히 저었네
여기, 지금, 누가 유배를 왔냐고
누군가 죽비 내려치듯

무언의 말 한마디 툭, 던지고 사라졌네
그 시절 인연에
나는 '노도 오! 시다'라는 답시 한 편
서포 초옥 바람벽에다 시답잖게 걸어두고 왔네

—「유배 일지—서포 김만중 선생께」 전문

'노도(櫓島)'는 서포 김만중 선생이 유배되어 유형의 삶을 마감했던 곳이다. 김만중은 두고 온 고향과 어머니에 대한 그리움을 이곳에서 문학으로 승화시켰다. 배를 젓는 노를 많이 생산했다고 해서 그렇게 불린다고 한다. 백련항을 떠나 '노도 오시다'라고 적힌 뱃머리에서 사람들은 멈칫멈칫 뒷걸음치다 귀양길 오르듯 배를 탄다. 시인은 다시 돌아오지 못한다는 생각으로 맨 마지막 배를 탔는데, 이때 "배 아파라"에서 '배[腹]'는 노도 유배 온 사람들이 타고 온 '배[船]'와 사뭇 다르다. 이제 시인 일행은 "너도 나도/오도 가도 못한 노도"에서 "노도 없는 노"를 상상 속에서 저어 노도에 도착한다. 여기서도 시인은 '나도/너도/오도/가도/노도'라는 라임을 형성하면서 "여기, 지금, 누가" 유배를 왔느냐는 죽비 같은 "무언의 말 한마디"를 환청처럼 듣는다. 그 시절 인연 사이로 '노도 오시다'는 어느새 "노도 오! 시다"라는 "답시 한 편"으로 변형된다. "서포 초옥 바람벽"에 걸어둔 그 답시는 가장 시다운 시였을 것인데, 시인은 또 "시답잖게 걸어두고 왔"노라고 자신의 '유배 일지'

를 남긴다. 과연 "저 줄의 행간을 누가 다 읽고 갈까"(「거미는 왜 줄 얘기만 늘어놓을까」)마는, 김욱진 시인은 노도에서 겪은 '시'를 둘러싼 메타적 인식을 이렇게 단단하고 겸허하게 풀어놓은 것이다.

결국 시인은 다양한 언어를 실험적으로 구축하여 궁극적으로 '시(詩)'에 대한 자신만의 의식을 드러낸다. 심미적 함축 속에 기억을 쏟아놓을 수밖에 없는 '시'라는 언어예술에 대해 사유하는 순간을 보여준 것이다. 이러한 탐색을 통해 그는 언어적 자의식으로 충만한 시인으로서의 존재론을 새롭게 구현해 간다. 그리고 사물 속에서 다양한 언어를 발견하고 경험하려는 존재로 한 걸음 더 나아간다. 각별한 존재 전환을 통해 지상의 자음과 모음으로는 도저히 가닿을 수 없는 새로운 언어 경험에 이르는 것이다. 그렇게 시인은 매혹의 대상이자 삶의 원형인 사물을 호출하면서 그 안에서 완성되어 갈 자신의 존재론을 일종의 언어유희를 수반하면서 성숙하게 노래한 것이다. 서정시의 목표가 시인 자신의 절실한 자기 확인 욕망에 있다 할지라도, 김욱진 시인은 사물 언어 사이의 균열 양상을 포착하면서 동시에 균형 잡힌 언어적 의장(意匠)을 한껏 보여준 것이다. 이 모든 것이 "말 이전의 말로 되돌아가/조용히 말없는 말 귀담아들어 보라"(「코로나 혁명·2」)는 권면처럼 한결같이 다가오고 있지 않은가.

3. '바닥'과 '날'이 환기하는 중층적 긍정의 인생론

김욱진은 사라져갈 수밖에 없는 지상의 존재자를 향한 지극한 긍정을 노래하는 시인이다. 그는 불가피한 소멸의 형식을 넘어 항구적 존재 방식으로 자신의 삶을 이끌어가려는 순간적 전환을 희원한다. 사실 모든 존재자는 소멸 직전에만 자신의 순수한 외관을 드러낸다는 점에서 사물의 영원성이란 불가능한 것이고 오히려 모든 사물은 사라짐으로써만 자신이 부여받은 시간을 충실히 살아낼 수 있을 뿐이다. 김욱진의 시에 드러나는 사물은 이러한 시간의 운명에 대한 응시에 의해 선택되고 배열되는 특성을 가진다. 시인은 삶의 숱한 고통을 생성하는 바닥에서 시작하여 정신의 극점을 이루는 모습을 향해 나아간다. 이렇게 시간이 바닥을 치고 올라오는 순간을 그려내는 김욱진의 미학은, 비록 그것이 소멸의 필연성을 견지한다고 하더라도, 지극한 긍정에 감싸인 존재자들의 상황을 기록해 가는 역설적 속성을 보여준다. 이렇게 소멸해 가는 사물의 형식을 통해 유한한 삶에 웅크린 불모와 폐허의 기억을 꺼내 올리는 시인의 원형적 기억은 좀 더 심화된 형상으로 그의 시 안에서 펼쳐지게 된다.

아, 어디쯤일까
길을 걷다 폐휴지 한 리어카 싣고

언덕길 오르는 맨발을 보았다, 나는
들었다, 발이 하는 말을
발가락은 바짝 오므리고 뒤꿈치는 쳐들고
그래도 뒤로 밀려 내려가거든
헛발질하듯 한 걸음 뒤로 물러섰다
혓바닥 죽 빼물고 땅바닥 내려다봐
써레질하는 소처럼
발바닥이 어디로 향하고 있는지
바닥과 바닥은 통하는 법이야
그래, 맞아
둘이 하나 된 바닥은 바닥 아닌 바닥이지
손바닥처럼 그냥 가닿는 대로
가닿은 그곳이 바닥이니까
여기, 지금, 나는
바닥 아닌 바닥에서
보이지 않는 발
바닥을 보았고
바닥 없는 바닥
아슬아슬 가닿은 발
바닥이 내쉬고 들이쉬는 숨소리 들었다
비 오듯 뚝뚝 떨어지는 땀방울 사이로
리어카 바퀴가 미끄러져 내려갈 적마다

발바닥은 시험에 들었다
땀 한 방울 닿았을 뿐인데
그 바닥은 난생처음 가닿은 바닥
발가락과 발뒤꿈치는 땀방울 밀고 당기며
발바닥이 바닥에 닿았다고
어느 바닥인지 알 수 없는 그 바닥
간신히 가닿고 보니
바닥이라는 바닥 기운 다 끌어당기고 가는 저 발
바닥은 바다보다 깊고 넓적하다

—「발이 하는 말」 전문

여기서도 '말'에 대한 자의식은 충실한 확장성을 가지고 나타난다. 시의 전경(前景)은 우연히 길을 걷다가 바라보게 된 "폐휴지 한 리어카 싣고/언덕길 오르는 맨발"에서 시작된다. 그때 시인은 "발이 하는 말"을 들었노라고 고백한다. 오므린 발가락과 쳐든 뒤꿈치가 노동의 자세를 사실적으로 말해주지만, 시인은 어느새 써레질하는 소처럼 땅바닥을 내려다보며 발바닥은 어디를 향하고 있는지를 묻는다. 그때 "바닥과 바닥은 통하는 법"이라는 원리에 도달하고 마침내 시인은 "둘이 하나 된 바닥은 바닥 아닌 바닥"이라는 사실에 이르게 된다. "손바닥처럼 그냥 가닿는 대로/가닿은 그곳이 바닥"이고 "바닥 아닌 바닥에서/보이지 않는 발/바닥을" 바라본 것이다.

시인은 주체, 시간, 공간을 하나로 만드는 "바닥 없는 바닥"에서 "아슬아슬 가닿은 발/바닥이 내쉬고 들이쉬는 숨소리"를 듣고 있다. 시인이 바라보고 난생처음 가닿은 '바닥', "어느 바닥인지 알 수 없는 그 바닥"에 힘겹게 다다르고 보니 "바닥이라는 바닥 기운 다 끌어당기고 가는 저 발/바닥"이야말로 바다보다 깊고 넓지 않았던가. 그러한 진실이 바로 '발이 하는 말'이었던 셈이다. 물론 이때 '바닥'은 바닥(bottom)이자 바닥(basis)일 것인데, 시인으로서는 손바닥과 발바닥이 닿는 바닥에서 자신의 언어를 쌓고 그때 가장 밑바탕이 되는 언어를 들은 것이다. 쉽사리 상투적 연민으로 나아갈 수 있는 소재를 가지고도 언어적 자의식이 밀어붙이는 인식론에 가닿는 시인의 의지와 경륜이 든든하게 다가오는 순간이 아닐 수 없다. 결국 그 '바닥'은 시인으로 하여금 "새로 거듭나는 순간, 알맹이"(「알맹 상점」)를 경험하게끔 해주고 "아무도 거들떠보지 않는 땅/나 혼자 걷다 보면/그 땅은 온전히 나의 땅이 되고"(「나는 땅 부자다」) 마는 역리(逆理)를 알게끔 해주고 있는 것이다.

> 이 골에 누가 이토록 불을 지폈는가
> 여기, 지금, 나는 바람맞고 쓰러진 등신
> 불, 구덩이 속으로 들어가 나를 찾다
> 나도 아닌 나를 만나 수도 없이 속았다네

것도 모르고 저잣거리 사람들은
무슨 사리 친견하듯 찾아와
나를 찾았다고 날을 세우면서
나를 바로 세운다며 야단법석 떨다
나보다 먼저 다 돌아가지, 빈손으로
누가 누구를 바로 세운다는 건가, 참
나는 옆도 뒤도 한번 돌아보지 않고
오로지 땅에 엎드려 절만 하고 있었는데, 천년을
하심하고 또 하심하면서
나를 비우고 날을 비우며 나를 바로 세웠는데
이제 와 또다시 나를 세운다니
허허, 참
나도 없는 나를 세워 뭘 하려고
나를 세운다는 건
날을 세운다는 것
나를 세운답시고 날을 세우다 보면
금세 나는 오간 데 없고
시퍼런 날만 날을 세울 뿐
난데없이 누가 또 다른 나를 세우려 하는가
그냥 머물되 머문 바 없이 머물고 있는 그곳에
나를 고대로 가만 내버려두게
날마다 누군가 와서

내 등짝에 누웠다 가고 앉았다 가고
어쩌다 얼굴 마주치면
넙죽 엎드려 맞절도 하고
그러면서 무뎌진 날을
나를 바로 세울 터인데, 앗!

—「열암곡 마애불 법문」 전문

경주에 있는 '열암곡 마애불'은 오체투지를 하듯 천년을 넘게 엎드려 계신다. 그곳에서 부처님은 "이 골에 누가 이토록 불을 지폈는가" 하고 묻는다. 통일된 주체와 시간과 공간은 "바람맞고 쓰러진 등신/불"의 목소리를 통해 사람들이 "나를 찾다/나도 아닌 나를 만나 수도 없이 속았다"고 일침을 가한다. 사리라도 친견하듯 찾아와 "나를 찾았다고 날을 세우면서/나를 바로 세운다며 야단법석" 떠는 중생들이 "빈손으로/누가 누구를" 바로 세울 수 있었겠는가. 여기서 시인은 '나를 세우다'와 '날[刃]을 세우다'라는 표현을 통해 헛짚은 인생들을 비판하는 마음을 담고 있지만, "옆도 뒤도 한번 돌아보지 않고/오로지 땅에 엎드려 절만 하고" 있는 마애불의 속성에 비추어볼 때, 그 역상(逆像)으로 존재하는 세상에 대한 연민의 태도 또한 품고 있는 것이다. 그렇게 천년을 "하심하고 또 하심하면서/나를 비우고 날을 비우며 나를 바로" 세운 마애불의 목소리는 "나를 세운다는 건/날을 세운다는 것"이고 "나를 세운답시고 날을 세우다 보면/금세 나는 오간 데 없고/시퍼런 날만 날을 세울 뿐"이라는 법문(法文)에 다다르게 된다. "그냥 머물되 머문 바 없이 머물고 있는 그곳"이야말로 "무뎌진 날을/나를 바로 세울" 신성의 거소(居所)였던 셈이다. 그렇게 시인은 마애불 법문을 통해 "저기 저, 나 아닌 나 또 어디 있는가"(「운주사 와불」)라고 재삼 묻고 있는 것이다.

이처럼 김욱진 시인이 상정하는 미학적 대상에는 우리가 일상에서 마주치는 친숙한 풍경이나 사물이나 장소가 많이 포진하고 있다. 이러한 지향은 자기애처럼 회귀적인 것이 아니라 타자를 향한 한없는 애착을 내포하고 있는 역동적 에너지일 것이다. 물론 그의 시에 나타나는 이러한 정서적 지향은 고독과 슬픔 같은 비극적 조건으로 주어질 때가 많지만, 그것을 훌쩍 뛰어넘어 깊은 인생론적 긍정의 마음을 견지해 가는 특성이 여기저기서 더욱 따뜻한 빛을 발한다. 이러한 소통과 접속 과정을 통해 시인은 물리적이고 일상적인 현실을 벗어나 전혀 다른 정신적 차원으로 이동하려는 꿈을 꾼다. '바닥'과 '날'이 환기하는 중층적 긍정의 인생론이 그것을 입증하고 있다 할 것이다.

4. 역진(逆進)의 상상력을 통해 가닿는 사랑의 시학

두루 알려져 있듯이, 서정시는 지나온 시간에 대한 사후적

(事後的) 경험의 형식으로 전개되는 언어예술 양식이다. 혹여 미래를 예견하고 앞날을 꿈꾸려는 시편이라 할지라도, 물리적 시간관을 초월하여 불멸이나 영원을 아득하게 노래하는 작품이라 할지라도, 그것조차 일정하게는 '시간'에 관한 가치 판단일 수밖에 없을 것이다. 그렇게 서정시는 시간 경험과 그로 인한 새로운 기억의 구성이라는 특성을 일관되게 견지한다. 김욱진 시인은 이러한 서정시의 속성을 누구보다도 일관되게 형상화하면서 자기 성찰의 방법론을 적극적으로 구현해 간다. 그래서 우리는 그가 슬픔의 정서를 긍정적으로 넘어서면서 궁극적으로는 새로운 가치의 생성 원리를 노래하는 서정으로 나아갈 것임을 예감하게 된다. 그러한 삶의 갱신을 지향하는 언어가 더욱 삶의 구체성을 담아내는 쪽으로 몸을 기울여가고 있기 때문이다.

고향 친구 딸내미 예식 가서
주례 없는 혼례식을 보고
예식장 마당 벤치에 나와 앉아 있자니
전깃줄로 탱탱 묶인 노송 한 그루
반짝반짝 불이 들어오자
주례 말씀 한마디 하신다
서로 다른 누구랑 붙어산다는 것
일촉즉발의 위기지요

나는 늘 푸른 줄만 알았어요
일 촉 전구쯤이야, 하고 살았는데
그 일 촉들이 한꺼번에 번쩍
벌떼처럼 달려들 땐
심장이 터질 것만 같소
그런 줄도 모르고
야, 저 소나무 늘 짜릿하겠다
비바람 몰아치고 어둠 찾아와도
저토록 뜨겁고 환상적인 밤
또 어디 있겠냐고
남들은 부러운 눈빛으로 바라보지만, 나
무의 생 또한 저기, 저
솔방울들처럼 붙어살다 가는 객일 뿐이오
이 세상 늘 푸른 솔이 어디 있소

—「어느 노송의 주례 말씀」 전문

시인은 고향 친구 딸 예식에 참여하여 우연하게 노송(老松) 한 그루를 만나 거기서 울려 나오는 생의 지혜를 듣는다. 이는 주례 없는 혼례식을 보고 노송을 주례의 자리로 모셔오는 상상을 감행한 후에 듣는 일종의 주례사인 셈이다. 예식장 마당 벤치에 앉아 시인은 "서로 다른 누구랑 붙어산다는 것"이 "일 촉즉발의 위기"라는 노송의 말씀을 듣는다. "전깃줄로 탱탱 묶인 노송 한 그루"가 불이 켜지자 "일 촉 전구쯤이야" 하면서 살아온 시간을 소환하는데, 이때 '일 촉'도 '일촉즉발'에서 연상된 것일 터이다. 그러고 보니 김욱진은 동음이의어가 가져오는 강력한 의미론적 통합과 분기의 직능을 가장 폭넓게 활용하는 시인이 아닌가 한다. 어쨌든 노송은 우리 모두 늘 푸를 것으로 생각했지만 그렇지 않았고, 일 촉들이 한꺼번에 달려들 땐 심장이 터질 것만 같았다고 고백하는 것이 아닌가. 사람들은 그런 줄도 모르고 소나무가 늘 짜릿하겠다고, 환상적인 밤을 지낼 거라고 부러운 눈빛으로 바라보는 게 아닌가. "나/무의 생 또한 저기, 저/솔방울들처럼 붙어살다 가는 객일 뿐"이라는 말씀, "이 세상 늘 푸른 솔이 어디 있소"라는 노송의 주례 말씀이야말로 영원한 것은 없다는 것을 알려주는 동시에, 전깃줄로 묶어놓은 생명을 풀어주어야 한다는 묵시록적 요청을 함께 표현하고 있다. 여기서 "나/무의 생" 또한 나무의 일생이자 '나'가 살아가는 '무(無)의 생'이기도 할 것이다. 이처럼 시인은 사랑과 생명에 대한 "저토록 간절한 원"(「한 바퀴」)을 사유하면서 자신만의 필법(筆法)을 노송 한 그루의 말씀에 의탁하여 보여주고 있는 것이다.

> 가끔 누군가 쓸쓸하고 외롭다 그럴 때마다
> 무심한 척하면서 들렀던 순댓집
> 할머니는 나만 가면

또 쓸쓸하고 외로우냐고
순대 숭덩숭덩 썰면서, 그 병엔
순대보다 간이 더 좋다며
농 반 진담 반 섞어
간을 수북수북 썰어주시더니만
이 가을에, 그 할머니
나보다 더 외롭고 쓸쓸한
혹, 무슨 기별이 온 걸까
병원간답니다 다급하게 적어놓고 간 걸 보니
자꾸만 간에 눈이 간다
순대는 오간 데 없고, 오늘따라
간을 내 간처럼 뭉텅뭉텅 떼어주던 순대 할머니 얼굴
구불텅구불텅 스쳐 지나간다

—「외롭고 쓸쓸한」 부분

이 작품은 세상을 구성하는 근본 원리가 사랑에 있음을 암시해 주는 명편이다. 그리고 이 사랑의 문법은 '시인 김육진'을 이루는 원초적인 힘이기도 할 것이다. 물론 우리는 여전히 '외롭고 쓸쓸한' 시절을 보내고 있지만, "가끔 누군가 쓸쓸하고 외롭다 그럴 때마다/무심한 척하면서 들렀던 순댓집" 같은 곳에서 사랑의 순간과 마주치기도 하지 않는가. 순댓집 할머니는 쓸쓸함과 외로움에는 순대보다 간이 훨씬 더 좋다며 "농 반 진담 반"을 시인에게 건네신 분이다. 그런데 이 가을에, 할머니가 오히려 더 외롭고 쓸쓸한 기별이 왔는지, "병원간담니다"라고 서툴고 다급하게 적어놓은 메모를 남기신 게 아닌가. 시인은 그 순간 "간을 내 간처럼 뭉텅뭉텅 떼어주던 순대할머니 얼굴"이 스쳐 지나가는 것을 느낀다.

이처럼 누구나 외롭고 쓸쓸한 시간을 겪지만 시인의 마음에 "이토록 황홀한 씨가 또 어디 있을까"(「꽃, 할미 묻다」) 하는 시간에 대한 경이로움과 "한번 피기 시작하면 발끝부터 머리까지 들불처럼 번지고 번져/철없이 활짝 피어나는 꽃"(「노화라는 꽃」)처럼 열정적으로 살아가게 하는 원동력이 실은 사랑의 마음에 있다는 점을 이 시편은 잘 알려주고 있다. 결국 김욱진의 시는 우리가 취해야 할 역진(逆進)의 상상력을 보여주는 뜻깊은 사례이다. 방대한 스케일과 다양한 발화 방식을 가진 이번 시집이 반가운 것도 바로 이러한 속성을 지닌 그의 시편들을 한자리에 모아놓고 읽을 수 있기 때문이다. 이는 시인이 인류 보편의 가치를 수습함으로써 시간의 수직적 원근법과 공간의 수평적 투시를 아울러 성취한 결실이기도 할 것이고, 소소한 사물 시편이나 해체 지향의 난해 시편의 틈에서 피워낸 진중하고도 탁 트인 사랑의 화폭이기도 할 것이다. 그렇게 이번 시집은 지난날들에 대한 치유의 기록이자 존재자들을 향한 지극한 마음을 토로하면서 앞으로의 의지를 담아가는 언어적 양식으로 남을 것이다.

5. 우물 속에 은은하게 번져가는 불꽃처럼

김욱진의 이번 시집에 나타나는 아름다움은 뚜렷한 언어적 철학과 태도를 함축하고 있다. 그의 시는 유의미한 리듬과 이미지를 고도의 상상력으로 결속한 속 깊은 성찰 의지를 담고 있다. 그러한 열정과 의지의 결합을 통해 시인은 은은한 정밀(靜謐)과 역동적 솟구침이라는 모순된 속성을 한 몸으로 모아내는 기막힌 균형을 이룬 것이다. 그만큼 그의 시편은 새로운 사유와 감각을 통해 사물의 본질을 재발견하고, 인간이 쌓아온 중심 가치인 사랑의 시학을 되살리는 작업을 지속적으로 수행해 간다. 이러한 시적 사제(司祭)로서의 역할을 자임하면서 김욱진 시인은 서정시가 투명하고도 아름다운 기억을 통해 삶에 대한 성찰로 나아가는 양식임을 뚜렷하게 증언하고 있다. 지나간 시간에 대한 일방적이고도 과장된 미화보다는 상처와 고통을 치유하려는 견인(堅忍)의 시학이 여기서 아름답게 생성되고 있다.

그런가 하면 김욱진의 시는 그 스스로에게는 중요한 성찰의 계기가 되어주고 우리에게는 다양한 발화와 주제를 통해 사물을 바라보는 개성적 시선을 선명하게 제공해 준다. 이때 우리는 서정시가 보여주는 고백과 상상을 통해 현실에서는 불가능한 존재 전환을 순간적으로 꿈꾸게 된다. 그의 시가 원초적 통일성을 회복하게끔 해주는 미학적 가능성으로 가득하다는 것은 바로 이러한 양상에서 도출되는 것이다. 이는 서정시의 지향이 주체와 세계가 분리되어 있는 경험으로부터 그것의 통합을 꾀하는 성격을 가지고 있기 때문이기도 하고, 내면과 세계를 이어주는 새로운 감각을 그가 풍요롭게 가지고 있기 때문이기도 하다.

우리는 내적 원리와 세계의 실상이 서로 조응하지 못하는 시대를 살아가고 있다. 따라서 우리가 읽고 쓰는 서정시에 주체와 대상의 화음보다는 그 사이의 격렬한 파열음이 빈번하게 등장하는 것도 어쩌면 필연적일 것이다. 그렇다고 모든 시가 파열음을 낼 필요는 없을 것이다. 오히려 그 일상화된 균열 양상 속에서 아직도 순간 속에 드러나는 사물의 충일한 현재형을 구하는 것이 서정시의 기능 중 하나일 것이기 때문이다. 그 점에서 김욱진의 시는 우물 속에 은은하게 번져가는 불꽃처럼 빛나는 파문으로 우리에게 오래도록 남을 것이다. 그리고 우리는 치유와 희망의 생성 원리를 간절하게 노래한 그의 시가 더 심미적인 언어를 얹으면서 자신의 미래를 열어가기를 기대하게 될 것이다.

이처럼 은은한 파문으로 암시해 준 사랑과 생명의 생성 원리를 담은 이번 시집의 간행을 축하드리면서, 독자적이고 개성적인 음역(音域)을 우리에게 보여준 그의 시세계가 우리 시단을 한동안 깊고 강렬하게 출렁이게 할 것을 마음 깊이 소망해 본다.

시인동네 시인선 251

어느 노송의 주례 말씀

초판 1쇄 인쇄	2025년 4월 10일
초판 1쇄 발행	2025년 4월 18일
지은이	김욱진
펴낸이	김석봉
디자인	헤이존
펴낸곳	문학의전당
출판등록	제448-251002012000043호
주소	충북 단양군 적성면 도곡파랑로 178
전화	043-421-1977
전자우편	sbpoem@naver.com

ISBN 979-11-5896-687-4 03810